D1204067

EL MOSAICO AMERICANO
La inmigración hoy en día

Primera generación de estadounidenses

Sara Howell

Traducido por María Cristina Brusca

PowerKiDS press

New York

Published in 2015 by The Rosen Publishing Group, Inc.
29 East 21st Street, New York, NY 10010

First Edition

Editors: Jennifer Way and Norman D. Graubart
Book Design: Andrew Povolny
Photo Research: Katie Stryker

Photo Credits: Cover Kali9/E+/Getty Images; p. 4 Donald R. Swartz/Shutterstock.com; p. 5 Andy Dean Photography/Shutterstock.com; p. 6 Dan Thornberg/Shutterstock.com; p. 7 Orham Cam/Shutterstock.com; p. 8 Andrey Bayda/Shutterstock.com; p. 9 Steven Frame/Shutterstock.com; p. 10 Pablo Calvog/Shutterstock.com; p. 11 Andrew Burton/Getty Images; p. 13 Mike Watson Images/Moodboard/Thinkstock; p. 14 John Moore/Getty Images; p. 15 Feverpitched/iStock/Thinkstock; p. 17 Comstock Images/Stockbyte/Getty Images; p. 18 Monkey Business Images/Shutterstock.com; p. 19 Kamira/Shutterstock.com; p. 20 Jupiterimages/Digital Vision/Getty Images; p. 21 Sergey Novikov/Shutterstock.com; p. 22 Andrea Pistolesi/The Image Bank/Getty Images.

Library of Congress Cataloging-in-Publication Data

Howell, Sara.
[First-generation Americans. Spanish]
Primera generación de estadounidenses / by Sara Howell ; translated by María Cristina Brusca. — First Edition.
pages cm. — (El mosaico americano : la inmigración hoy en día)
Includes index.
ISBN 978-1-4777-6807-5 (library binding) — ISBN 978-1-4777-6808-2 (pbk.) — ISBN 978-1-4777-6809-9 (6-pack)
1. Immigrants—United States—Juvenile literature. 2. United States—Emigration and immigration—Juvenile literature. I. Title.
E184.A1H6818 2015
305.9'069120973—dc23

2014003063

Manufactured in the United States of America

CPSIA Compliance Information: Batch #WS14PK1: For Further Information contact Rosen Publishing, New York, New York at 1-800-237-9932

Contenido

De inmigrantes a ciudadanos

¿Alguna vez te has mudado de una ciudad a otra? Algunas familias se mudan a una nueva ciudad o estado por su trabajo o para estar cerca de su familia. Algunas personas se mudan de un país a otro. Estas personas se llaman **inmigrantes**.

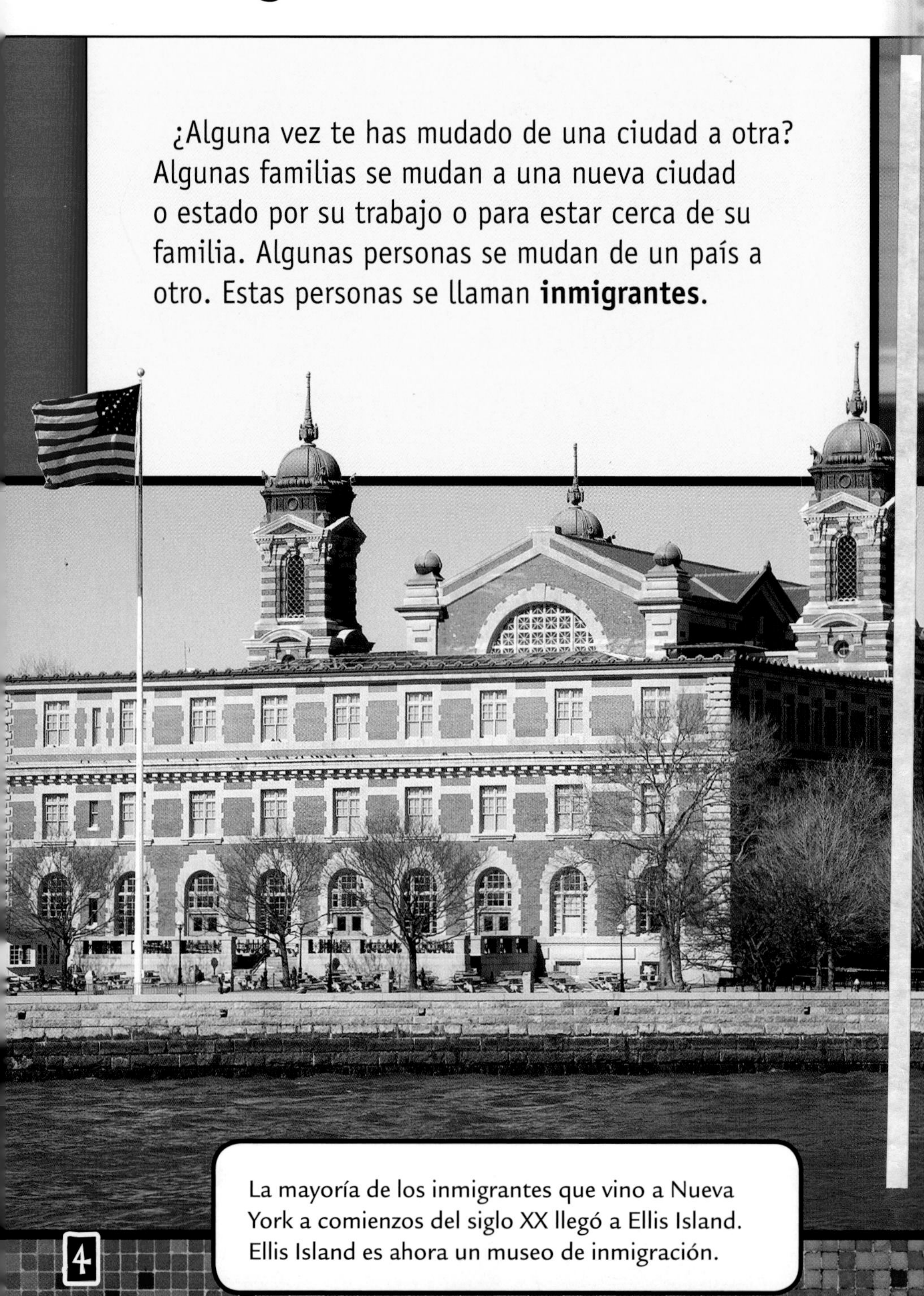

La mayoría de los inmigrantes que vino a Nueva York a comienzos del siglo XX llegó a Ellis Island. Ellis Island es ahora un museo de inmigración.

Familias estadounidenses, de primera generación, viven en todas partes de Estados Unidos. ¡Podrían ser tus vecinos!

Muchos inmigrantes que se mudan a Estados Unidos optan por hacerse **ciudadanos**. Los inmigrantes que se hacen ciudadanos se conocen como primera generación estadounidense. A veces, la expresión "primera generación estadounidense" se usa para referirse a un niño que nació en Estados Unidos de padres inmigrantes. En este libro, el término se usa para describir a las personas que inmigraron a Estados Unidos y se hicieron ciudadanos.

Ciudadanos legales

La decimocuarta enmienda de la Constitución enuncia que todas las personas que nacen en Estados Unidos son ciudadanos.

Hay dos maneras de ser ciudadano estadounidense. La primera es haber nacido en el país. Estas personas se llaman **ciudadanos naturales**. La segunda es hacerse ciudadano a través de un proceso legal. Esto se llama **naturalización**.

Llegar a ser ciudadano naturalizado es un proceso difícil. Los inmigrantes deben vivir en Estados Unidos por un cierto número de años. Tienen que demostrar que pueden hablar, leer y escribir inglés, y que entienden cómo funciona el gobierno de Estados Unidos. Aunque no es fácil, los inmigrantes eligen hacerse ciudadanos naturalizados porque quieren tener los mismos derechos que los ciudadanos estadounidenses.

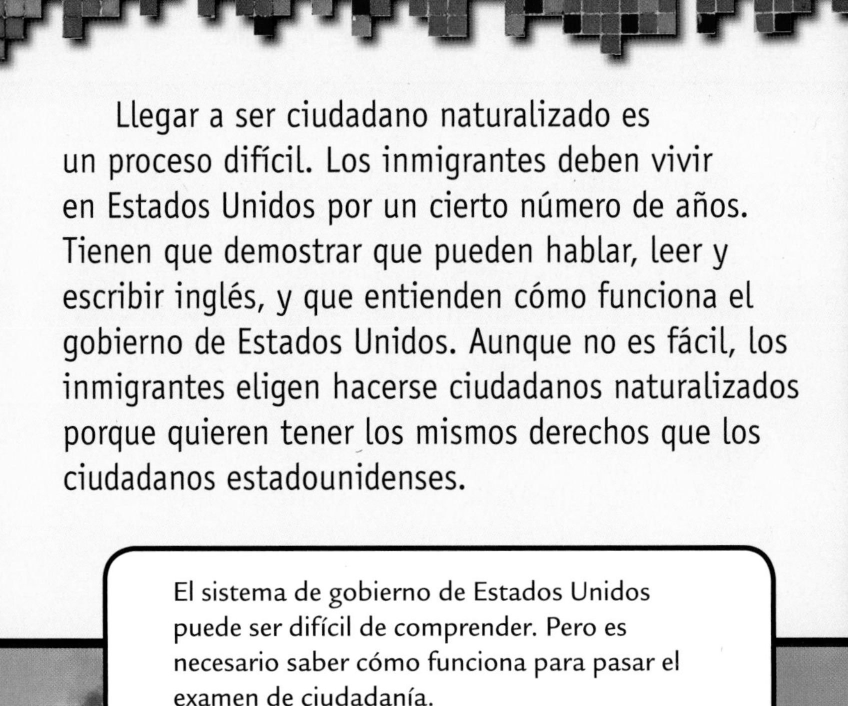

El sistema de gobierno de Estados Unidos puede ser difícil de comprender. Pero es necesario saber cómo funciona para pasar el examen de ciudadanía.

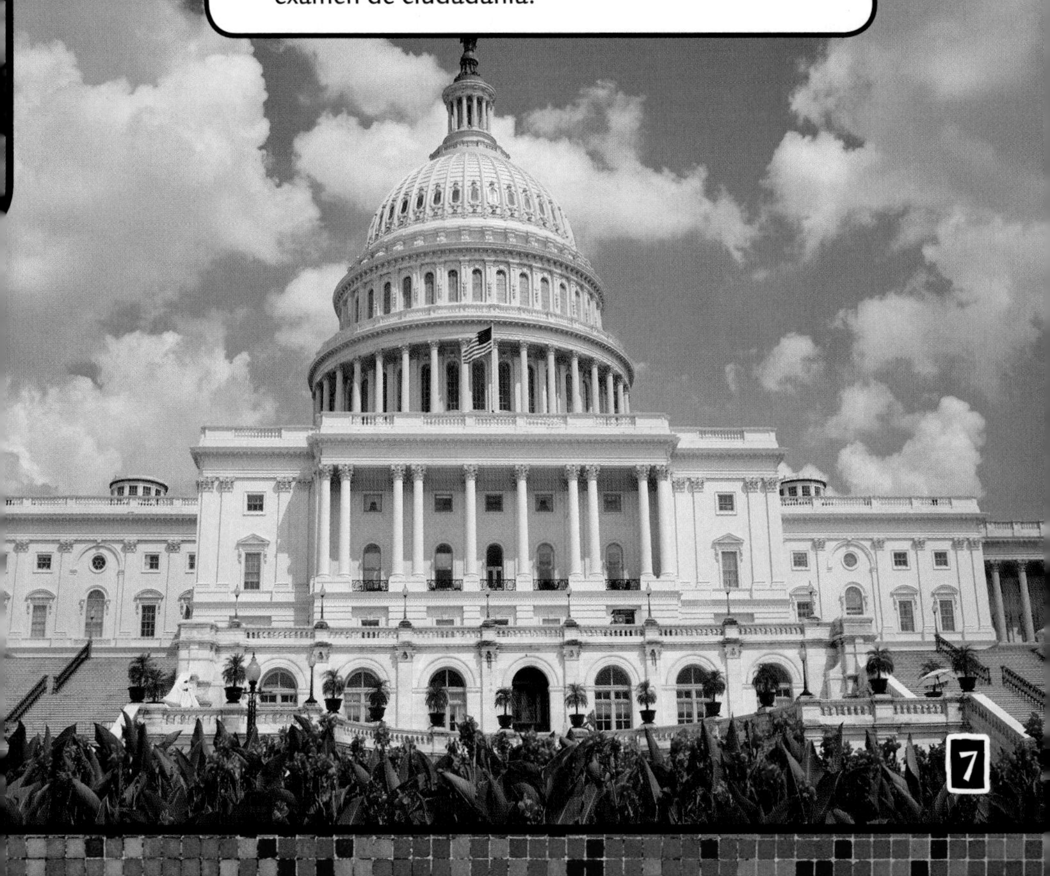

El segundo hogar

A menudo, los nuevos inmigrantes eligen mudarse a barrios donde viven otras personas de sus mismos países de origen. Esto crea áreas en donde viven muchos inmigrantes del mismo país. Por ejemplo, Albany Park, un barrio de Chicago, se conoce como *Koreatown* por su gran **población** de inmigrantes coreanos.

La ciudad de Miami, en la Florida, tiene un barrio llamado "La Pequeña Habana", en donde se establecieron muchos inmigrantes cubanos.

Esta es una calle del barrio chino de San Francisco.

NO SMOKING
IN THIS
AREA

NO
FUMAR EN
ESTA ÁREA

Este cartel dice lo mismo en inglés y en español. En algunos lugares hay carteles como este para que los inmigrantes que están aprendiendo inglés puedan leerlos.

En estas comunidades de inmigrantes, la primera generación estadounidense habla, a menudo, su lengua natal. También hay programas de televisión y periódicos en su idioma. Los miembros de las comunidades pueden reunirse para llevar a cabo actividades culturales, como festivales y celebraciones tradicionales.

Hacer frente a las dificultades

Los estadounidenses de primera generación a veces se enfrentan a muchas dificultades. Algunos vienen a Estados Unidos con una buena educación y destrezas importantes. Pero hay también muchos que llegan con poca educación y habilidades de poca utilidad, lo cual les dificulta encontrar trabajo y ganar dinero. Muchos tratan de ganar dinero para sostenerse a sí mismos y a sus familias que quedaron en sus países de origen.

Una forma de inmigrar a Estados Unidos es mediante un contrato de trabajo.

Shaun Donovan es el Secretario de Vivienda y Desarrollo Urbano de Estados Unidos. Su oficina se encarga de problemas relacionados con la vivienda, como pudiera ser la discriminación por parte de los propietarios a los inquilinos.

Encontrar un lugar donde vivir también puede ser difícil. Los estadounidenses de primera generación que tratan de alquilar viviendas se enfrentan a veces a la **discriminación** de algunos propietarios. Comprar una casa también puede ser difícil para alguien cuyo primer idioma no es el inglés.

Aprender un nuevo idioma

Muchos inmigrantes cuando recién llegan a Estados Unidos hablan poco o nada de inglés. Para poder ser ciudadanos naturalizados deben aprender a hablar, leer y escribir un inglés básico. Sin embargo, llegar a hablar con **fluidez** y soltura y usar el idioma correctamente puede tomar muchos años.

A menudo, las comunidades con muchos inmigrantes tienen **recursos** disponibles para ayudar a las personas a aprender inglés. Los centros comunitarios, las bibliotecas públicas y las universidades suelen ofrecer clases de inglés como segundo idioma. En las escuelas públicas también se dan clases de inglés como segundo idioma a los estudiantes.

Existen programas de computadora para aprender inglés.

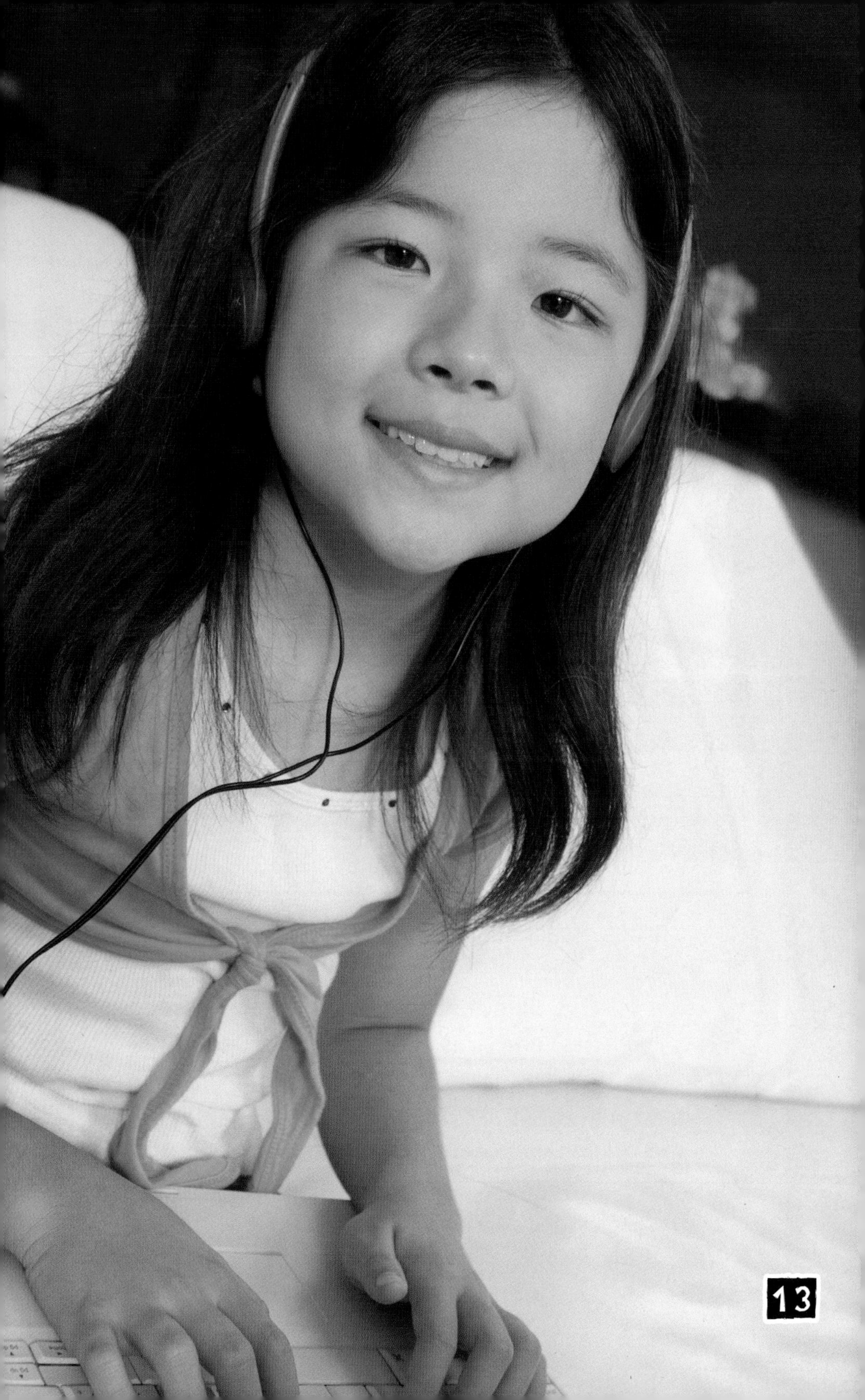

Encuentro de culturas

Este es el desfile del Día de Reyes, en Nueva York. Muchos inmigrantes hispanos celebran esta fiesta religiosa el 6 de enero.

Muchos estadounidenses de primera generación vienen de **culturas** muy diferentes a la de Estados Unidos. Llamamos cultura a todas las creencias, prácticas y artes de un grupo de personas. Los estadounidenses de primera generación están acostumbrados a una comida y una manera de vestir diferentes. Sus valores y tradiciones también suelen ser diferentes.

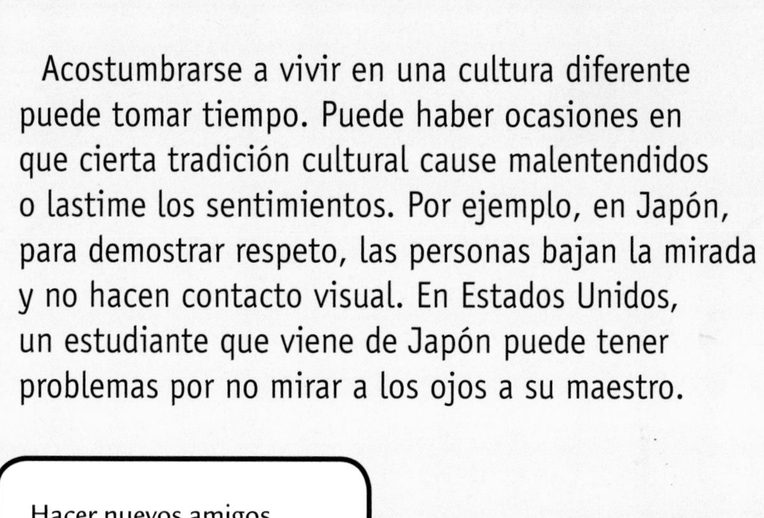

Acostumbrarse a vivir en una cultura diferente puede tomar tiempo. Puede haber ocasiones en que cierta tradición cultural cause malentendidos o lastime los sentimientos. Por ejemplo, en Japón, para demostrar respeto, las personas bajan la mirada y no hacen contacto visual. En Estados Unidos, un estudiante que viene de Japón puede tener problemas por no mirar a los ojos a su maestro.

Hacer nuevos amigos puede ser difícil para un estadounidense de primera generación. Los deportes son una buena manera de que los estudiantes se conozcan major.

Crisol de culturas

Los estadounidenses de primera generación tratan de encontrar un balance entre sus culturas y sus nuevas **identidades**. Algunas personas ven a Estados Unidos como un crisol de culturas. Cada nueva cultura es absorbida, o se mezcla con la cultura estadounidense. Esta idea se llama **asimilación.**

Otros perciben a Estados Unidos como una fuente de ensalada. Cuando todos los ingredientes se mezclan: la lecucha, el tomate, las aceitunas, se crea una colorida ensalada. Siguiendo esta idea, los inmigrantes mantienen muchas cosas de sus culturas y tradiciones. Cada una de estas partes se unen y crean una cultura que cambia constantemente.

Esta familia hispana come perritos calientes para celebrar el 4 de Julio. Este es un ejemplo de cómo las culturas se complementan en Estados Unidos.

Padres e hijos

Hoy en día, en Estados Unidos uno de cada cuatro niños es hijo de inmigrantes. Estos niños se conocen como estadounidenses de segunda generación. Como nacieron en Estados Unidos son ciudadanos naturales.

En algunas familias no todos los hijos son ciudadanos naturales. Solamente aquellos que nacen en Estados Unidos tienen la ciudadanía al nacer.

Si tus padres no hablan bien inglés es posible que no puedan ayudarte con las tareas escolares. Esto puede ser un problema para los niños que son primera generación estadounidenses.

A veces, los hijos de inmigrantes se sienten presionados por sus padres para que estudien mucho y tengan éxito en la escuela. Pero a los niños les preocupa más el ser aceptados por sus compañeros. También puede ser difícil para los niños cuando sus padres no hablan bien inglés. Tal vez sus padres no puedan ayudarlos con las tareas escolares, ni sepan cómo solicitar ayuda para sus hijos en la escuela.

La generación 1.5

Algunos inmigrantes son muy pequeños cuando llegan a Estados Unidos. Al haber nacido en un país **extranjero** son, como sus padres, estadounidenses de primera generación. Sin embargo, estos niños han crecido en Estados Unidos desde muy pequeños. Esto significa que, a menudo, tienen más cosas en común con los niños de segunda generación. Estos niños se conocen como la generación 1.5.

Ser parte de dos culturas diferentes puede ser un reto. Quizás tienes que hablar una lengua en la escuela y otra diferente en tu casa.

Tal vez conozcas a otros niños de tu escuela que vienen de familias de inmigrantes. Habla con ellos acerca de lo que significa pertenecer a la primera generación de estadounidenses.

A veces, los niños de la generación 1.5 sienten que no pertenecen completamente a ninguna de las dos culturas. Quizás hablan inglés con fluidez y se sienten cómodos en la cultura estadounidense. Pero tal vez conserven recuerdos de su país natal y del arduo camino de su familia hacia la ciudadanía.

El mosaico americano

El crisol y la fuente de ensalada quizás son dos buenos ejemplos para describir la cultura estadounidense. También puedes pensar en la cultura estadounidense como un **mosaico**. Un mosaico es una imagen grande formada por muchas pequeñas piezas.

Cada persona que vive en Estados Unidos, ya sea un inmigrante o un ciudadano natural, es una parte de la imagen más grande. Cada persona trae sus tradiciones, ideas y creencias especiales. ¡Al juntarse, todas las piezas forman la cultura de Estados Unidos!

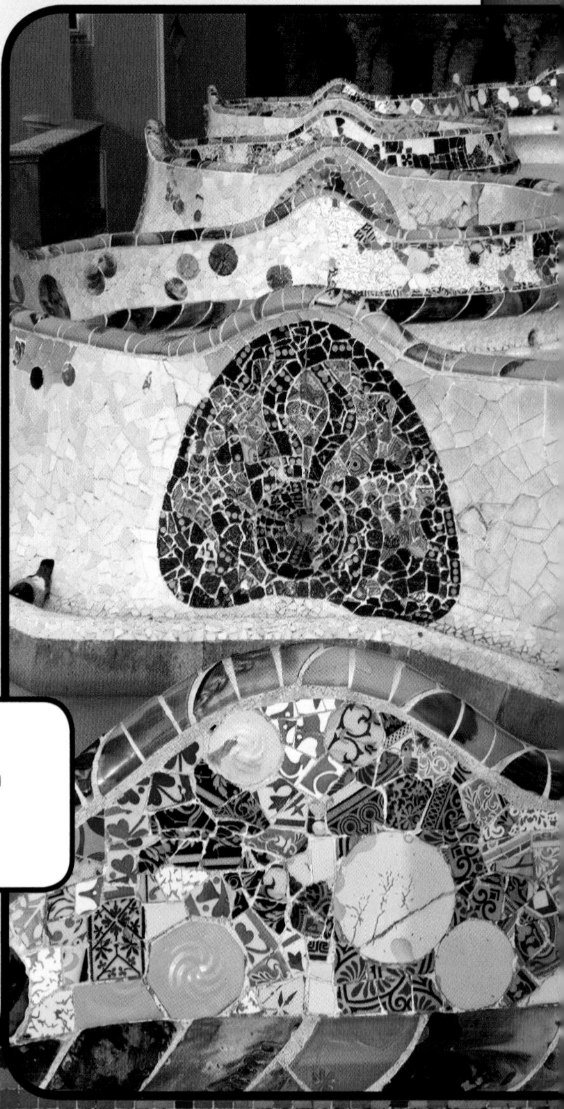

Los mosaicos son hermosas obras de arte. Hasta pueden hacer a los países más hermosos.

Glosario

asimilación Absorber o integrarse a las costumbres de un grupo de personas.

ciudadanos Personas que han nacido en un país o que tienen el derecho de vivir para siempre en un país.

ciudadanos naturales Personas que nacen ciudadanos estadounidenses. Esto incluye a personas que nacieron en Estados Unidos y a personas que nacieron fuera de Estados Unidos y tienen uno o dos padres que son ciudadanos de Estados Unidos.

culturas Las creencias, costumbres y artes de grupos de personas.

discriminación Tratar a una persona mal o injustamente solamente porque él o ella es distinto.

extranjero Que está fuera de su país.

fluidez La habilidad de hacer algo fácilmente, como hablar otro idioma.

identidades Conjunto de rasgos propios de una persona.

inmigrantes Personas que se mudan desde un país a otro país.

mosaico Una imagen que se hace encajando y pegando piezas pequeñas de piedra, vidrio o cerámica.

naturalización El proceso de hacerse ciudadano.

población Un grupo de personas que viven en una misma área.

recursos Cosas que son útiles.

Índice

Sitios de Internet

Debido a que los enlaces de Internet cambian a menudo, PowerKids Press ha creado una lista de los sitios Internet que tratan sobre el tema de este libro. Este sitio se actualiza con regularidad. Por favor, usa este enlace para ver la lista: www.powerkidslinks.com/mosa/first/